浙江省教育厅教研室　组织研制

张　丰　管光海　总主编

U0616599

项目化学习慕课研修手册

ZHINENG MENJIN XITONG DE SHEJI YU ZHIZUO

智能门禁系统的设计与制作

—— 基于课程标准的项目化学习

JIYU KECHENG BIAOZHUN DE XIANGMUHUA XUEXI

本册主编 / 徐墨涵

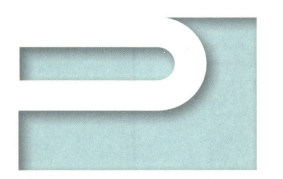

教育科学出版社

·北京·

出 版 人　郑豪杰
策 划 编 辑　池春燕　殷　欢
项 目 统 筹　殷　欢
责 任 编 辑　闫　景
版 式 设 计　锋尚设计　孙欢欢
责 任 校 对　张晓雯
责 任 印 制　叶小峰

图书在版编目（CIP）数据

智能门禁系统的设计与制作：基于课程标准的项目
化学习 / 徐墨涵主编 . — 北京：教育科学出版社，2024.6
（项目化学习慕课研修手册 / 张丰，管光海总主编）
ISBN 978–7–5191–3760–1

Ⅰ . ①智… Ⅱ . ①徐… Ⅲ . ①建筑化建筑—安全设备
—自动控制系统—课堂教学—教学研究—初中 Ⅳ .
① G633.72

中国国家版本馆 CIP 数据核字（2024）第 108345 号

项目化学习慕课研修手册
智能门禁系统的设计与制作——基于课程标准的项目化学习
ZHINENG MENJIN XITONG DE SHEJI YU ZHIZUO——JIYU KECHENG BIAOZHUN DE XIANGMUHUA XUEXI

出 版 发 行	教育科学出版社			
社　　　址	北京·朝阳区安慧北里安园甲 9 号	邮　　编	100101	
总编室电话	010–64981290	编辑部电话	010–64989593	
出版部电话	010–64989487	市场部电话	010–64989009	
传　　　真	010–64891796	网　　址	http://www.esph.com.cn	
经　　　销	各地新华书店			
制　　　作	北京锋尚制版有限公司			
印　　　刷	北京市大天乐投资管理有限公司			
开　　　本	889 毫米 ×1194 毫米　1/20	版　　次	2024 年 6 月第 1 版	
印　　　张	4.4	印　　次	2024 年 6 月第 1 次印刷	
字　　　数	60 千	定　　价	20.00 元	

图书出现印装质量问题，本社负责调换。

编委会

总 主 编： 张 丰 管光海

本册主编： 徐墨涵

参 编 者： 邱切锲 潘笑笑 高歌远

徐历君 叶 倩 吴应鹏

全微雷 杨秀秀 金怡靖

上官洋洋

编委会

目录

码　上　学　习

扫码进入本书慕课

 # 前言

项目化学习：教师研修的学习设计

《中共中央 国务院关于深化教育教学改革全面提高义务教育质量的意见》指出："着力培养认知能力，促进思维发展，激发创新意识。……探索基于学科的课程综合化教学，开展研究型、项目化、合作式学习。"项目化学习正是综合体现上述精神的学习活动。它既是落实跨学科学习的重要形式，也是改进学科教学的新的突破口。2022年教育部颁布义务教育课程方案，提出"坚持素养导向，强化学科实践，推进综合学习"，强调积极开展项目化学习等综合性教学活动。浙江省自2016年启动STEAM教育探索以来，逐渐聚焦项目化学习。2020年，浙江省教育厅教研室策划开展"防疫情"项目化学习案例征集、"项目化学习网络公开课"、"项目化学习博览会"等系列活动，奏响了项目化学习推进"三部曲"。

"项目化学习网络公开课"是一次组织严密、专业深入、参与面广、

关注度高的教研活动，其目的是让老师们有机会解构多类型的项目化学习与指导的过程。活动前期，我们先就项目化学习关键要素进行研究，提炼了素养导向、真实情境、真实实践、高阶认知和真实评价等要素，然后面向全省征集展示项目，要求参展项目充分体现这些关键要素，且是学校已经实施过、较为成熟、具有推广价值的项目。最终确定的各具特色的 8 个项目于 2020 年 9 月 21—25 日通过中国教研网进行了为期一周的现场直播展示。这是浙江省聚焦项目化学习，探索素养立意的新学习形态的标志性活动。8 所展示学校均建构了较为成熟的项目化学习活动组织与指导模式，为全省乃至全国项目化学习的推广提供了参考，为项目化学习的推进奠定了基础。本次活动完整保留了 8 个项目的现场资料，包括教学课件、教学设计、课程资源包、学生学习手册、教师观课手册、直播视频等。这些资料弥足珍贵，也是研究项目化学习设计与实施的有效素材。

项目化学习慕课的开发创意源于基于网络公开课的项目化学习校本研修。此前，老师们要用 10 余个小时才能看完一个完整的项目。如何提高教师研修的效率？如何给教师更有针对性的引导？我们选择了 3 个较为典型的项目（分别体现课程标准、有效合作、设计思维），以项目进程为序，以关键要点为纲设计 5—7 节微课，结合视频讲解和提示，帮助教师准确有效地理解项目化学习设计与实施的方法要领。不过，对初级入门的教师来说，光看典型项目剖析还不够，还需要建立起对项目化学习的整体理解，以及对关键问题的准确把握。于是，我们通过文献研究以及对一线教师的需求分析，确定了项目化学习设计与实施的 6 个关键问题，开发相应的慕课，涉及主题包括驱动性问题、项目任务、高阶思维、学习支架、组织策略、评价量表等，最终形成第一系列"聚焦关键问题的项目化学习慕课"（6 门），以及第二系列"基于典型案例的项目化学习慕课"（3 门），共有微课 43 节。

项目化学习慕课研修手册（以下简称"研修手册"）的开发启动于 2021 年 3 月。我们于 6 月底完成慕课测试版上线，10 月底完成慕课修订与研修手册的编写，短短半年的开发过程也一样经历了确定研修主题、研发研修课程纲要、分析网络公开课视频、拍摄慕课、研制研修手册以及建设配套资源等多个细致环节。

此次出版的"项目化学习慕课研修手册"丛书包括上述两个系列的 9 门慕课以及相配套的 9 本研修手册，构成"资源＋支架"的学习设计。具体如下。

第一系列：聚焦关键问题的项目化学习慕课

慕课1——"如何设计驱动性问题"（含研修手册，下同）。包括驱动性问题的含义、类型、特点、设计及使用，系统梳理了驱动性问题的设计要点。

慕课2——"如何基于驱动性问题设计项目任务"。包括任务及任务的类型、核心任务的标准、核心任务的设计、支持性活动的设计、任务管理的设计，阐述了驱动性问题、核心任务、支持性活动三者之间的关联以及核心任务、支持性活动的设计方法。

慕课3——"如何培养学生的高阶思维"。以布卢姆教育目标分类学中的高阶思维为参考，在总体介绍判断认知层级的两种常见方法的基础上，具体介绍分析、评价、创造三种高阶思维的概念内涵及培养策略。

慕课4——"项目化学习中的学习支架"。介绍了学习支架的来源、定义、类型，并结合项目启动、实施、成果展示三个阶段说明不同支架的作用、使用流程、操作要点等。

慕课5——"项目化学习的组织策略"。介绍了组织策略的分类，并提供了10余个组织策略的基本概念、使用方法、操作流程等。

慕课6——"项目化学习评价量表的设计与应用"。介绍了项目化学习中表现性评价量表的结构、维度、尺度等的设计与应用。

第二系列：基于典型案例的项目化学习慕课

慕课 7——"智能门禁系统的设计与制作——基于课程标准的项目化学习"。以智能门禁系统的设计与制作为例，介绍了基于课程标准设计项目、设计驱动性问题、创设学习任务、提供支持性活动、成果展示与交流、项目管理六个方面的内容。

慕课 8——"交通工具狂想曲——基于有效合作的项目化学习"。以交通工具的设计为例，介绍了驱动性问题的提出、拼图合作学习的组织、项目产品的有效设计与改进、模型的制作与测试、学习成果的展示与评价五个方面的内容。

慕课 9——"婴儿产品改进设计——基于设计思维的项目化学习"。以婴儿产品改进设计为例，探索基于设计思维的项目化学习如何开展，将设计思维的内涵、价值嵌入项目化学习中，呈现了基于设计思维的项目化学习开展过程中教师的具体指导策略与方法。

在研修手册中，每一课都设置了"学习地图""研修目标""核心概念""课程内容""拓展阅读""延伸任务"六大板块，在课程内容部分还设置了"思考""任务"等小栏目，为研修者提供引导任务与思维支架。

综合来看，本套研修手册有以下三个方面的特点。

一是注重理例结合。9门慕课及配套的研修手册以项目化学习的设计与实施为主线，围绕项目化学习实践中的关键问题，结合真实课例进行阐释与分析。读者无论从第一系列的关键问题切入，还是从第二系列的典型案例开始，都能从理例结合的辅导中掌握项目化学习实践的方法与要义。

二是注重任务驱动。成年人的学习应该是结合实践的反思与体验，光阅读与观看未必能形成真正的能力。本套研修手册十分注重读者参与的交互性设计，读者在阅读研修手册、观看慕课视频的同时，可随着主题引导下循序渐进的任务，经历思考与探索的过程，在反思与体验中自然进步。

三是注重过程生成。本套研修手册基于实践开发，汇集了一线教师项目化学习实践中关心的问题、解决问题的方法。这些问题与方法不是静态的知识，它们能为进一步发现问题、提出解决方案提供对话和探究的基础。如果你还没有经历过项目化学习实践，阅读本套研修手册有助于你了解实践中的问题并思考更多问题；如果你已经是项目化学习的实践者，阅读这套书可能会产生很多的共鸣，并不断思考自己在实践中的解决方案。

本套研修手册是基层教研员与骨干教师协作完成的作品。慕课 1、慕课 2 由浙江省杭州市拱墅区教育研究院卢夏萍主持，慕课 3、慕课 4、慕课 5 由杭州市上城区教育学院汪湖瑛主持，慕课 6 由杭州市拱墅区教育研究院狄海鸣主持，慕课 7 由温州市实验中学徐墨涵主持，慕课 8 由杭州市卖鱼桥小学郭红梅主持，慕课 9 由杭州绿城育华亲亲学校陆颖主持。参与慕课开发与研修手册研制的老师多达 69 名。浙江省教育厅教研室管光海博士负责慕课及研修手册的整体规划与全程指导。杭州绿城育华亲亲学校蔡文艺、杭州市上城区教育评估与监测中心冯娉婷参与了样章的研制工作。感谢同志们高效、创造性的劳动，感谢教育科学出版社教师教育编辑部编辑们的慧眼与巧笔，让我们携手又为项目化学习的推进提供了灵动与实在的新资源。

限于能力与视野，慕课与研修手册中肯定还有一些不足之处，敬请读者批评指正。

张 丰

2024 年 3 月 20 日

第一课

基于课程标准
设计项目

学习地图

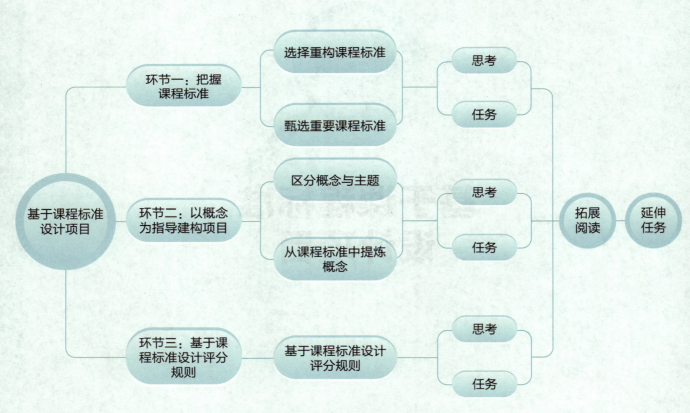

图 1-1　第一课学习地图

研修目标

❶ 理解为什么依据课程标准设计项目。

❷ 掌握如何基于课程标准设计项目。

核心概念

课程标准　规定某一学科的课程性质、课程目标、内容目标、实施建议的教学指导性文件，提出了面向全体学生的学习基本要求。

核心概念　构成学科骨架的具有迁移应用价值的概念。核心概念不同于一般的概念，可以揭示学科知识的本质和学科知识之间的联系，具有统整学科知识的功能。

课程内容

环节一：把握课程标准

在基础教育阶段开展项目化学习，学生不但需要掌握各个学科课程标准所要求的知识与技能，更需要将所学的知识与技能进行迁移应用，以解决真实问题。这就对在基础课程实施的项目化学习提出了一个至关重要的要求——如何设计一个既能达到课程标准要求，同时又能保留项目化学习的精神和意图的学习项目。

思考：请结合初中有关课程内容，思考："智能门禁系统的设计与制作"项目要实现哪些课程标准，为什么是这些标准？

关键策略

◎选择重构课程标准

课程标准规定了学生经过学习后需要知道和掌握的知识。这不仅是学习后在清单上打钩完成表示已学了哪些知识，而且是要重新建构标准使其成为学生重要的学习成果。

例如，课程标准中规定的电路图知识，在"智能门禁系统的设计与制作"项目中，学生不但要识别并画出简单电路图，还需要根据真实的情境设计电路图，并利用生活中常用电器元件组装、搭建电路（见图 1–2、图 1–3 ）。

◎甄选重要课程标准

课程标准中不同标准的重要性也是不同的，这就需要教师进行梳理，并根据教材的安排以及学生具体的学情识别重要的核心知识与技能，甄选出重要而有意义的标准。例如，初中科学（物理）学习中串、并联电路的特征，磁场，电磁铁知识以及科学探究的能力既是学

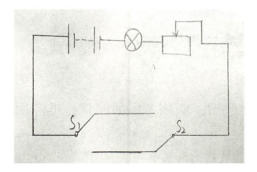

图 1-2 学生绘制的电路图

图 1-3 学生根据电路图搭建电路

习的重点，也是学习的难点，因此将其作为重要标准。重要标准是项目的基础，甄选重要标准对项目设计教师来说尤为关键。

好的项目需要处理好课程标准中多个重要的标准。在一个精心设计的项目中，学生很可能接触到其他学科课程标准，这些标准都要与该项目息息相关。例如，本项目中作为概念的支持性活动体现出来的数学一次函数等其他相关学科的课程标准。

📋 任务：基于你所教的学科，请甄选出 3—4 条你认为可以作为学科项目化学习的课程标准，并说明你的理由。

环节二：以概念为指导建构项目

当教师确定了项目要达到的标准之后，应该考虑如何将标准应用到学生的生活中去，才能够向学生传递学校与生活之间的联系。这就需要我们以概念为指导建构项目，设计出具有挑战性的驱动性问题。以概念为指导的教学建议教师将重点放在基于学科的概念理解的原则上，通过真实情境中的主题加深学生的概念理解。

思考： 观看项目化学习慕课7-1，想一想，概念与主题有什么区别？"智能门禁系统的设计与制作"项目将课程标准与哪些概念进行了整合？

关键策略

◎区分概念与主题

教师应该先将概念与主题区分开。主题是由事实支撑、由零散知识组成的；而概念不具有时间性，并且十分抽象（见图1-4）。例如，本项目案例中，双控开关电路设计与制作是一个主题，该主题对应的概念是串、并联电路；磁吸头的磁场探究是一个主题，对应的概念为磁体、磁场、磁感线等。

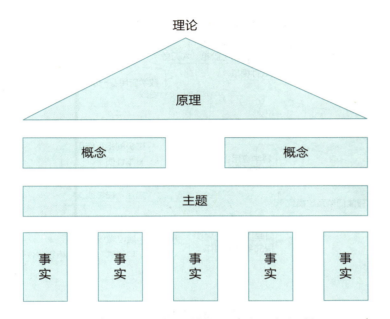

图 1-4 埃里克森提出的知识结构图（埃里克森 等，2018）

◎从课程标准中提炼概念

　　教师需要从课程标准中提炼概念，以宏观概念建构项目，确定项目目标，为项目设计出一个具有挑战性的驱动性问题。例如，本项目就是将串、并联电路，磁体与磁场，电磁铁等概念转变为一个驱动性问题"如何制作一个与真实办公室门功能一样、等比例缩小的门禁系统模型？"，并依据概念设置了系列任务以及相应的活动性支架（见图 1-5）。

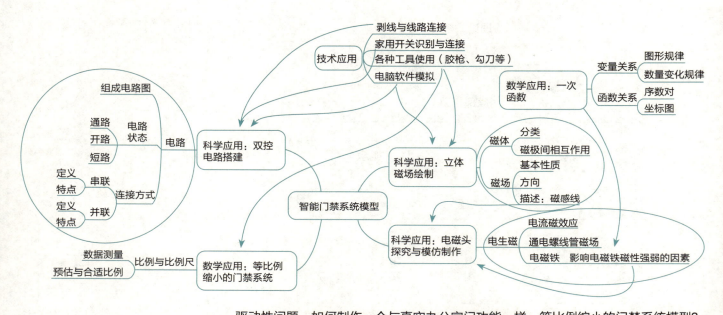

驱动性问题：如何制作一个与真实办公室门功能一样、等比例缩小的门禁系统模型？

图 1-5　从课程标准中提炼概念，转化为驱动性问题

任务：请列出与你甄选出的课程标准对应的概念，并尝试在活动情境中关联这些概念。

环节三：基于课程标准设计评分规则

当项目基于课程标准确定好目标后，就需要围绕项目目标设计项目评分规则。基于课程标准的评分规则可以帮助教师在项目教学中以标准为中心，全面了解项目中学生学习的情况，并根据学情进行项目管理。

思考： 基于课程标准的评分规则对于教师、学生分别有什么作用？

关键策略

◎基于课程标准设计评分规则

基于课程标准的评分规则指标包括所学内容和技巧，多数项目化学习一般选择让内容部分占 40%—50%（见表 1–1）。使用基于标准的评分，可以帮助教师确定项目具体教授该达到什么标准，确保不会遗漏重要内容。

表 1-1　基于科学课程标准（电学）设计评分规则

指标	分数		
	1 分	2 分	3 分
电路制作	仅有电路设计图，且切实可行	有电路设计图（切实可行），有实物制作模型	有电路设计图（切实可行），有实物制作模型，且布线合理、工艺优良
开关使用	使用电学实验箱闸刀开关	部分使用普通家用开关，连接准确	全部使用普通家用开关，连接准确
导线	使用电学实验箱中有接口的导线	部分使用家庭电路中的导线，导线接口未做处理	全部使用家庭电路中的导线，且接口处理较好
使用情况	电路搭建有明显错误（例如短路、断路）	只有一个开关起作用	两个开关都起作用

任务：选取 1—2 项课程标准，结合情境设计评分规则。

拓展阅读

　　基于大概念的教学实践路径的基本操作框架是：确定大概念—外显大概念—活化大概念—建构大概念—评价大概念。（李松林，2020）

1．确定大概念是在筛选和论证的基础上，确定最终需要学生建构的大概念。大概念的筛选与确定有三条基本路径。

● 借助课程标准中的高频语词。课程标准中反复出现的词句通常是需要学生重点掌握的核心知识。

● 深度理解教材。大概念往往藏于教材知识的内核或深处，需要教师进行深度挖掘。

● 超越惯常理解的抽象概括。教师可以基于自己的惯常理解，从表层零散的现象中提取出大概念。

2．外显大概念就是分别从"知道什么""理解什么""能做什么""想做什么"四个维度对大概念进行具体描述，其实质是对核心素养目标进行分解，将核心素养目标转化为具体的学习目标。

3．活化大概念是将大概念改造设计成等待学生探究的核心问题和子问题群，引导学生在问题解决中学习。

4．建构大概念是基于核心问题和子问题群，为学生设计出有待展开和完成的学习活动序列。在具体的活动过程中，教师可以引导学生通过从下位到上位、从外围到核心、从表层到深层三个基本路径逐渐建构起大概念。

5．评价大概念与外显大概念一一对应，分别从"知道什么""理解什么""能做什么""想做什么"四个维度对学生的学习结果进行评价。

延伸任务

选择一个你认为好的基于课程标准的项目化学习案例，基于你对项目化学习的理解，阐述你选择该案例的理由，800 字左右。

第二课

设计驱动性
问题

📖 学习地图

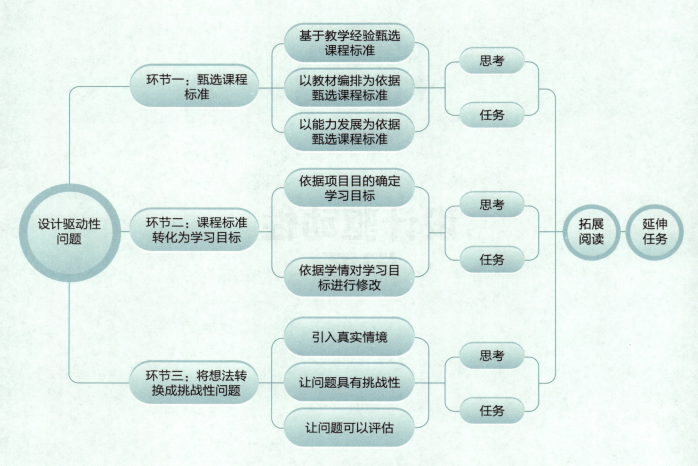

图 2-1　第二课学习地图

🎯 研修目标

❶ 了解甄选重要课程标准的依据。

❷ 了解课程标准是如何转化为学习目标的。

❸ 了解如何依据学习目标与学情设计驱动性问题。

📖 核心概念

驱动性问题　围绕项目主题设计的、契合课程标准的、具有凝练意义的问题，是能够引发学生自主探究和推动学生问题解决的关键性问题。一个好的驱动性问题能够营造一种由求知欲驱动的学习氛围，鼓励学生积极地寻找问题的解决方案、做出计划和开展探究、记录和理解数据、收集证据和辨析观点、构建和共享学习成果，实现深度学习。

📝 课程内容

环节一：甄选课程标准

课程标准规定了学生在学年末或单元结束时需知道和掌握的知

识，其中不同的标准重要性也不同。我们需要从中筛选出重要的、有意义的标准。

思考：哪些标准对于"智能门禁系统的设计与制作"项目来说是重要的？

关键策略

◎ 基于教学经验甄选课程标准

在日常教学中，教师积累了大量关于学生学习的经验，并会对相应的知识与技能的学习做出预判，即教学设计中需要突破的重难点问题。例如，初中科学课程标准提出"知道电路的基本组成，会画电路图"，在日常教学中，大部分学生学过电学相关知识和概念，却只会使用电学工具箱搭建简单电路，这与生活中真实电路相去甚远，学生不能将所学的电学知识在生活中迁移应用。由此可见，重要的、有意义的标准有时无法通过直接教学或者书面练习习得，而需要建立与生活的联系，才能达到效果。通过上述分析，电学可以作为项目化学习的内容基础。

◎ 以教材编排为依据甄选课程标准

教材是基于课程标准、按照一定的学科逻辑精心设计的学习资料，同时教材中所展示的内容也是教学所采用的主要学习资料之一，因此合理利用教材，以教材的编排为依据甄选课程标准也是常用的策略。浙教版科学教材八年级下册第一章电磁铁的相关知识紧随上册第四章的电学知识。两章不但章节编排上紧密相连，而且相关知识也紧密关联，但是学生往往将它们视为孤立的个体，脱离基本电路学习电磁铁的知识，导致学生往往掌握不到位。因此，将电与磁作为整合性的主题，筛选相关标准作为本项目的知识内容。

◎ 以能力发展为依据甄选课程标准

在基础教育阶段开展项目化学习，学生不但需要掌握各个学科课程标准所要求的知识与技能，更需要将所学的知识与技能进行迁移应用，以解决真实问题。从能力角度考虑，项目化学习需要有持续的探究，以培养学生的批判性思维、解决问题的能力，因此筛选科学探究的标准作为项目能力发展的依据。

📑 任务：观看项目化学习慕课 7-2，思考甄选标准的依据是什么。

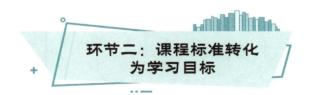

环节二：课程标准转化为学习目标

基于上述原则，在甄选出与项目相关的重要课程标准以后，我们需要通过整合，将所选择的课程标准转化为项目的学习目标。

思考：观看项目化学习慕课7-2，针对本项目思考，两次项目化学习目标有何不同，为何会发生变化？

关键策略

◎依据项目目的确定学习目标

本项目第一次实施是作为八年级学生的寒假作业，目的是通过整合性的项目形式，让学生复习八年级上册电学相关知识，预习八年级下册电磁铁相关内容，在项目实践过程中建立电与磁的联系。依据课程标准，我们形成了项目第一次实施的学习目标。

1. 通过软件模拟与电学实验箱电路装搭过程，理解与应用基本电路连接和串、并联电路特点等基本电学知识。

2. 利用合适的工具探究具体的磁场特点，并用磁感线描述模型，理解电磁铁特点，尝试组装合适的电磁铁。

3. 在实践过程中正确应用电与磁的相关知识，以解决生活中真实的问题。

◎依据学情对学习目标进行修改

该项目的学习作为寒假作业，教师没有机会全程给学生提供有效的指导。例如，现实环境中门禁系统不仅涉及电磁铁及有效的电路，还有门等其他结构，学生往往会忽略，这就需要教师引导学生关注门禁系统的整体结构。此外，真实情境中未知的立体磁场该如何绘制与表达？我们可以通过提供数学学科的斜二测画法这个学习支架，帮助学生理解立体磁场。根据上述情况，我们形成第二轮迭代的学习目标。

1. 根据软件模拟与电学实验箱电路装搭过程，理解与应用基本电路连接和串、并联电路特点等基本电学知识。

2. 利用合适的工具探究具体的磁场特点，并用磁感线描述模型，理解电磁铁特点，尝试组装合适的电磁铁。

3. 在实践过程中正确应用电与磁的相关知识，以解决生活中真实的问题。

4. 能运用斜二测画法描述具体的立体模型。

5. 能运用一次函数解决实际的问题，对解决问题过程的合理性、完整性、简洁性进行思考、表达和评价。

6. 运用合适的比例尺进行计算与建模。

7. 在项目产品设计制作过程中，根据真实的情境对产品提出新的要求，培养产品迭代意识。

任务： 将你在第一课中所选取的学科课程标准转化为学习目标。

环节三：将想法转换成挑战性问题

学习目标的实现需要以一个真实的情境为载体，所谓"真实"，就是设计的项目要联系现实世界。

思考：观看项目化学习慕课 7-2，思考：本项目 1.0 版本的驱动性问题和 2.0 版本的驱动性问题有什么不同？为什么会发生这些变化？

关键策略

◎引入真实情境

本项目联系学生所拥有的关于传统门锁在多人进出场所（学校办公室）使用的实际生活经验，鼓励其积极思考。学生发现虽然传统门锁可以保证安全，但在多人进出的场合受到钥匙多少的限制，不利于工作和学习。如何制作智能门禁系统，使其代替传统门锁？这样的问题来源于生活实际，真实的问题能够引发学生的思考。在学习电学知识的过程中，学生经常利用电学实验箱中的电子元件进行实验（见图2-2）；同时在现实生活中，学生接触过门禁系统，门禁系统的核心原理就是运用了"电与磁"的知识。因此作为寒假作业的项目化学习，我们设计了项目的驱动性问题 1.0 版本：如何通过电学实验箱材料或者废旧材料制作门禁系统的模型（以电学实验箱电磁铁为主要元件）？

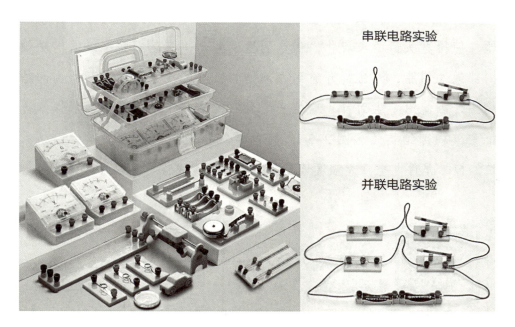

串联电路实验

并联电路实验

图2-2 电学实验箱

◎让问题具有挑战性

　　智能门禁系统是一个以电磁铁为核心部件，由多个部件构成的复杂、统一的系统。但我们发现，学生在设计制作模型时往往只关注电路的设计与搭建，而忽视了其他部分的组成与制作。其中，电学实验箱中的电磁铁与现实生活中电磁铁的磁场特征相去甚远，学生没有真正掌握门禁系统的真实情况。

根据寒假项目化学习的学生作品分析，我们推测学生未将项目与真实情况进行联系的原因可能有以下几点：一是过于简化真实问题，使得真实情境浅表化，劣构问题良构化；二是门禁系统的电磁锁内部灌注树脂，无法拆开看到内部结构，上网搜索也无法获得内部结构图，因此对学生而言，这是一个真实的黑箱，学生需要多加探索，推测其内部结构（见图2-3）。将电学实验箱中的电磁铁作为门禁系统的核心元件，也极大程度地降低了任务的挑战性、真实性、探究性。

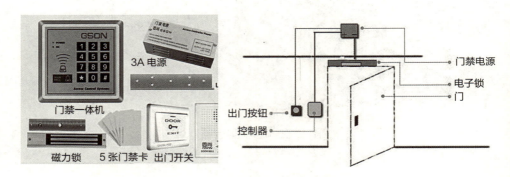

图2-3　复杂的门禁系统图

基于真实情境与修改后的学习目标，我们形成了驱动性问题2.0版本：如何制作一个与真实办公室门功能一样、等比例缩小的门禁系统模型？

◎让问题可以评估

只有学生完全了解项目的目的，才能尽力完成任务。为了让学生更加了解项目、明确驱动性问题，可以将"如何制作一个与真实办公室门功能一样、等比例缩小的门禁系统模型？"分解，并针对分解问题设计相应的达成标准，让驱动性问题便于学生理解且可以评估，具体分解如下。

门禁系统有哪些组件？这些组件是如何组合的？——标准：模型部件完整，牢固。

门禁系统具有哪些功能？该如何表现这些功能？——标准：与真实办公室门功能相同，并能通过模型演示。

门禁系统的内部工作原理是什么？如何展示其内部工作原理？——标准：模型要展现门禁系统的内部结构，体现门禁系统内部工作原理。

现有的门禁系统与门锁相比有哪些优势？有哪些缺点？——标准：在成功制作门禁系统基础上改进其1—2个缺点，并在模型上体现。

📝 **任务**：结合一个真实情境，将你在上一个任务中确定的学习目标转化为一个具有挑战性的驱动性问题。

🔍 拓展阅读

要设计出高质量的驱动性问题，教师需要把握科学课程标准，明确核心概念和一般概念间的联系，对学生的已有知识和经验有一定的认识，关注学生的科学素养和学科能力，并掌握一定的问题设计的方法与策略。（高潇怡 等，2020）

一、教师主导设计驱动性问题的方法

● 教师需要从课程标准出发，分析并确定学生需掌握的核心概念、跨学科概念。

● 在分析结果的基础上，教师可以通过倾听学生的想法、了解学生的兴趣来设计驱动性问题。

● 教师需要对已设计的驱动性问题进行评估，确保问题满足各项关键特征，确保问题能够为学生提供足够的空间来发展他们探究问题的能力。

二、教师鼓励学生提出驱动性问题的方法

● 教师需要创设一个充满鼓励氛围的学习环境，通过在教室中设置情境、带领学生进入真实的情境、组织学生一起观看视频或者让学生讨论他们的兴趣爱好等方法，激发学生的好奇心。

● 教师可以使用 KWL（Know，Want to know，Learned，即已知、想知、新知）的策略，帮助学生将他们已有的知识经验、想法或疑问转变成想要探究的驱动性问题。

● 教师需要鼓励学生将驱动性问题的关键特征作为评估标准，进行自我评估、小组互评，鼓励、帮助和监督学生精炼和完善问题。

延伸任务

请你根据自己所教学科，筛选课程标准，确定项目目标，设计一个基于真实情境的驱动性问题，用思维导图的形式呈现核心概念是如何结合真实情境生成驱动性问题的，并完成表 2-1。

表 2-1 驱动性问题设计表

项目主题或主要意图：

通过本项目，学生应该学习和掌握哪些符合课程标准的内容：（每个学科 2—3 条）

设计挑战性问题：（要求学生解决现实世界中存在的某个问题，或解决某个有意义的问题。以驱动性问题形式描述这个挑战问题）

为项目草拟一个驱动性问题：（与同事讨论你草拟的驱动性问题。必要时完善或重新草拟一个驱动性问题）

本项目暂定的驱动性问题：（随着设计过程的深入，最终的驱动性问题可能有所改变，保留以下空白，直至你完成项目设计。你也可以与学生讨论驱动性问题，基于学生的学情进行修改，与学生讨论时应注意方法）

本项目最终确定的驱动性问题：

第三课

创设学习任务

学习地图

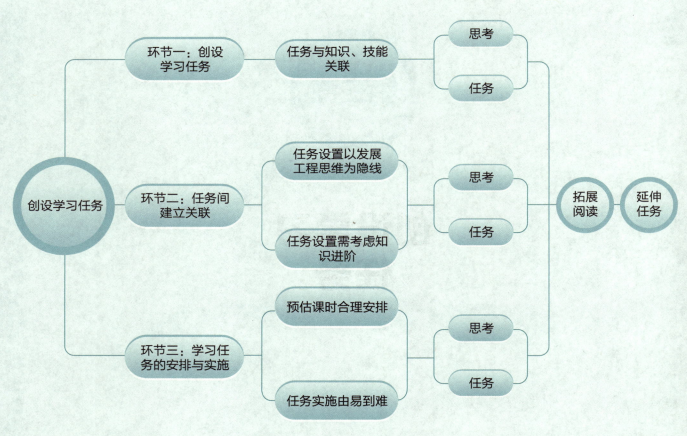

图 3-1　第三课学习地图

🎯 研修目标

❶ 掌握围绕课程标准创设学习任务的方法。

❷ 了解学习任务之间的联系，根据联系合理安排任务并实施。

📖 核心概念

工程思维 实践性的、以系统分析和比较权衡为核心的一种筹划性思维，包括工程决策思维、工程设计思维与工程实施思维。

📝 课程内容

环节一：创设学习任务

上节课中，我们依据项目甄选了重要的课程标准并将其转化为学习目标，且依此设计了具体的驱动性问题。那么该如何依据项目的目标创设学习任务，通过完成学习任务解决驱动性问题，最终掌握与项目相关的课程标准所要求的知识与能力呢？这就是我们本节课所需要解决的问题。

思考："智能门禁系统的设计与制作"项目中设计的任务与哪些知识、技能相关联？

关键策略

◎ 任务与知识、技能关联

依据课程标准及其转化的项目化学习目标，同时关注学生的学情，我们采用逆向设计，将项目化学习目标进行分解，让学习任务与项目结束后学生需要掌握的知识、技能相关联。

例如，基于"智能门禁系统的设计与制作"项目，需要设计模型门、双控开关电路、电磁铁制作等任务，具体任务设计如下：

（1）基于数学比例尺方面的知识，学生需要完成等比例缩小的门禁系统。

（2）在项目实施过程中，我们要求学生理解与应用基本电学知识，因此我们创设了双控电路搭建任务。

（3）磁体、磁场、电磁铁等电磁学方面的知识，则通过以电磁铁为核心元件的磁控门禁系统的设计、制作来习得。

以上任务按照一定的逻辑顺序共同构成我们的项目：智能门禁系统的设计与制作。

任务：请为你在上节课中预设的项目，依据学习目标设计系列任务。

环节二：任务间建立关联

明确学习任务后，我们要通过合理的设置，让学生进行有序的学习，因此基于一定的逻辑建立学习任务间的关联非常重要，例如，本项目就是将发展学生的工程思维作为隐线安排学习任务。

思考：本项目具体任务的顺序是否可以前后对调？请说出你的理由。

关键策略

◎任务设置以发展工程思维为隐线

基于工程思维，工程实践流程一般从"分析问题情境"开始，逐步进行"设计工程目标""设计解决方案""工程实施""交流与评价""迭代优化"。本项目由"提出问题""准备阶段""产品设计""产品制作、组装与调试"以及"展示作品"几个环节构成（见图3-2）。整个项目过程涉及系统分析、工程设计、决策等思维。而"产品制作、组装与调试"与"展示作品"之间，又分为"门的设计与制作""电路设计""电磁铁探究与制作""说明书制作与展览布置"几个任务。这些任务从设计、模拟、制作、试错、迭代到展示作品，不仅符合该项目需要的先后工作次序，也符合工程思维的发展规律。

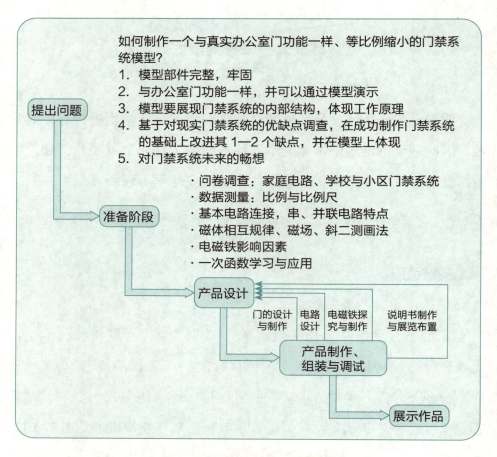

如何制作一个与真实办公室门功能一样、等比例缩小的门禁系统模型?

提出问题

1. 模型部件完整,牢固
2. 与办公室门功能一样,并可以通过模型演示
3. 模型要展现门禁系统的内部结构,体现工作原理
4. 基于对现实门禁系统的优缺点调查,在成功制作门禁系统的基础上改进其1—2个缺点,并在模型上体现
5. 对门禁系统未来的畅想

准备阶段

· 问卷调查:家庭电路、学校与小区门禁系统
· 数据测量:比例与比例尺
· 基本电路连接,串、并联电路特点
· 磁体相互规律、磁场、斜二测画法
· 电磁铁影响因素
· 一次函数学习与应用

产品设计

门的设计与制作　电路设计　电磁铁探究与制作　说明书制作与展览布置

产品制作、组装与调试

展示作品

图 3-2　基于工程思维设置任务

◎任务设置需考虑知识进阶

　　学习任务的设置需要考虑知识的进阶,由低阶思维学习转向高阶思维学习。在布卢姆教育目标分类"知道、理解、应用、分析、评

价、创新"中，"知道、理解"被认为是低阶思维，"分析、评价、创新"被认为是高阶思维，而"应用"则常常分属两者。

如"制作双控开关灯"这个任务，首先让学生用软件模拟家庭电路的电路图，学习串、并联电路的知识。然后用电学实验箱工具与家用导线搭建电路，最后搭建真实开关电路，制作双控开关灯。从模拟到搭建，实现问题解决。利用小步骤教学法引导学生完成由易到难的电路任务，每一个后续任务都是前一个任务的进阶。除了有相应的知识点的联系外，学生思维从低阶的"知道、理解"到高阶的"应用、分析、评价、创新"，对学生有较高的知识与能力迁移的要求（见图3-3）。

图 3-3　知识进阶学习

📝 任务：根据项目需要，请依据知识进阶对你所设计的学习任务进行调整与排序。

环节三：学习任务的安排与实施

有了任务的逻辑主线，我们便需要根据课时数安排并实施每天的任务（见图3-4）。

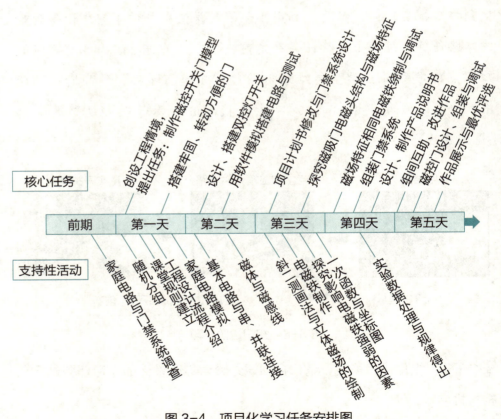

图 3-4　项目化学习任务安排图

思考：项目中不同的学习任务课时如何分配？分配的依据是什么？

关键策略

◎预估课时合理安排

我们计划用五天时间完成本项目，因此需要预估总课时，依据总体时间对项目进行分解，将相应的知识点排列在一起。例如，为了便于学生理解与应用基本电学知识，创设并安排了"设计、搭建双控开关灯"和"用软件模拟搭建电路和测试"的学习任务。

◎任务实施由易到难

在任务实施过程中，理解工程设计流程、探究过程需要通过不断实践，才能发展学生的工程思维、探究精神，并让其掌握相应的技能。为了达成同一目标，需要在项目过程中不同的阶段设置螺旋上升式的实践任务，同时还需要兼顾学生学习的心理特征，由易到难增加难度与挑战。在完成相应的学习任务之后，学生能掌握相应的技能、形成相应的能力，并可以在日常实践中随时调用，进行迁移应用。

例如，在工程实践方面，学生在第一天通过项目里程碑对项目进行规划，并搭建牢固、转动方便的门。在第三天，学生要对项目计划进行修改，并进行门禁系统的设计。在科学探究方面，在"探究磁吸门电磁头结构与磁场特征"中，学生需先"探究影响电磁铁强弱的因素"，再进行"磁场特征相同电磁铁绕制与调试"探究，由易到难，循序渐进（具体过程请观看项目化学习慕课7–3）。

任务安排与实施最终指向项目目标——掌握核心知识与技能，并学会迁移与应用，发展交流、合作、创造性思维、批判性思维等成功的关键能力。

📝 **任务**：请依据项目任务安排实施的思维导图，并注明课时数。

🔍 拓展阅读

如果采用逆向思维的方式，教师应根据学科教学需要和学生学习水平确定高层次教学目标，并将教学目标转化为学生可理解、感兴趣的学习情境和学习体验，由学生进行自主思考，协同互助，通过自己的投入和努力解决高阶的问题，而基础性知识则成为问题解决所需要的资料，那么学生解决高阶问题的过程也就成为夯实和巩固基础性知识的过程。学生在学习过程中因为全身心的主动参与进入了深度学习的状态，而教师在思考如何开展教与学活动之前，先要努力思考此类学习要达到的目的到底是什么以及哪些证据能够表明学习达到了目的。（陈静静，2020）

阶段 1　确定预期结果。学生应该知道什么、理解什么、能够做什么，应该了解什么是期望的持久理解，还需要明确学习的优先次序。

阶段 2　确定合适的评估证据。我们如何知道学生是否已经达到了预期结果？哪些证据能够说明学生的理解和掌握程度？我们要根据收集的评估证据来思考单元或课程，而不是简单地根据要讲的内容或是一系列学习活动来思考单元或课程。我们要思考如何确定学生的理解程度是否已经达到了预期。

阶段 3　设计学习体验和教学。学生需要哪些知识和技能？哪些活动可以使学生获得所需要的知识和技能？根据具体表现性特征，我们需要教哪些内容，指导学生做什么？如何用最恰当的方式开展教学？要完成这些目标，哪些材料和资源是最合适的？

延伸任务

　　根据你上节课课后任务所设计的项目目标和驱动性问题，梳理项目需要建构的知识与能力，形成项目任务列表，并注明任务之间的内在联系（建议用思维导图的形式来展现）。

第四课

提供支持性活动

📖 学习地图

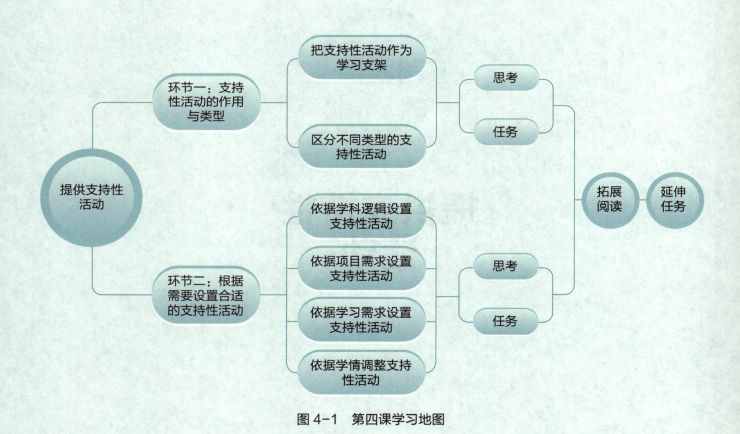

图 4-1　第四课学习地图

🎯 研修目标

❶ 了解支持性活动的类型。

❷ 学会根据项目需要选择合适的支持性活动。

📖 核心概念

学习支架　"支架"又称"脚手架"，本是建筑行业用语，指建筑楼房时使用的、楼房建好后就撤掉的暂时性支持。该术语引入教育领域，又被称为学习支架，用于描述经验丰富的成人辅导者给年轻学习者的学习过程所提供的有效支持和帮助。

📝 课程内容

环节一：支持性活动的作用与类型

基于课程标准的项目化学习，学习任务的合理设置直接影响学生对整个项目的完成情况。即使项目任务设计相对完善，但在实施过程中会因为学生学情的不同出现不同的问题，教师需要根据具体问题具体分析，对学习任务进行调整，并提供相应的支持性活动。支持性活

动是一种学习支架的表现形式。

关键策略

◎把支持性活动作为学习支架

学习支架的提供是建立在一定的学习情境、学生全程参与的基础上的，也是教师在学习者已经做了一定的努力却仍然不能独立完成任务，且确定学习者的需求后才能为其提供的。项目化学习中的学习支架除展示真实情境、传递知识、提供学习指导等功能外，还可以在学习理论的指导下，发挥信息技术优势，突出教师的主导作用和同伴协作精神。

支持性活动是一种学习支架的表现形式。根据项目目标精心设计、实施学习支架，有利于学生将新知识与技能整合到自己当前的理解中，通过知识整合环境，充分发挥注重实效的教学原则，使知识更易于理解，技能更容易掌握。

◎区分不同类型的支持性活动

维果茨基的最近发展区理论为学习支架（支持性活动）提供了理论基础，他将学习支架描述为具有更多经验的人帮助学习者跨越最近发展区，从现有知识水平到达潜在水平的一种教学活动。学习支架并不是一直存在的，在学生获得相应的知识和能力后需要将其撤除。并不是教师提供的所有材料、学习单都是学习支架，它特指学生在完成"挑战性的学习任务"时，在经过努力仍然不能自己解决问题的情况下，教师所提供的帮助。即学习支架应该是针对学习过程中的难点教师在"恰好需要的时机"所提供的"必不可少的支持"。从功能的角度可以将支持性活动归类为：有助于概念理解的支持性活动；有助于理解学科思维的支持性活动；有助于推进项目实践的支持性活动；提供资源的支持性活动；有助于习得认知策略的支持性活动。在本项目化学习案例中，磁体、磁感线、磁场即有助于概念理解的支持性活动；数字变化规律、一次函数学习即有助于理解学科思维（数学）的支持性活动；电磁铁的制作、绕线圈即为有助于推进项目实践的支持性活动；讲解如何进行电磁铁绕制的方法即为提供资源的支持性活动。

思考： 支持性活动有哪些类型？

任务： 观看项目化学习慕课 7-4，了解更多有关支持性活动的内容。

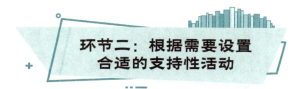

环节二：根据需要设置合适的支持性活动

根据项目化学习目标，合理预设支持性活动，并根据项目实施情

况做适当调整，有利于学生将所学知识与技能在项目实践中进行迁移、运用。

思考：本项目中提供了哪些类型的支持性活动，它们在项目中的具体作用分别是什么？

关键策略

◎依据学科逻辑设置支持性活动

每门学科都有关于如何创建、共享和评估知识的规范与行为方式。简单地说，学科实践就是指每个学科如何做事。在门禁系统设计、制作过程中，需要学生利用建模的思维进行电路的设计与制作，于是设计了家庭电路模拟和基本电路与串、并联电路连接的实践活动；在门的制作与电磁铁的调试任务中，需要对数据进行处理，于是设置了比例与比例尺、实验数据处理与规律得出的实践活动，这些支持性活动有利于学生对相应学科知识难点的学习。

◎依据项目需求设置支持性活动

为了项目的顺利进行，需要提供资料作为学习资源供学生参考学习。在本项目推进过程中，教师以飞机制造为例，为学生提供了工程设计流程的介绍视频、数学斜二测画法的介绍资料等材料，为学生提供了资源支持，拓宽了学生的视野。同时，还为学生提供了门禁电磁铁的厂家资料，提升了学生获得新的探索的可能性。这些都是"资源支持性活动"，有助于学生对问题进行深度探索。

◎ 依据学习需求设置支持性活动

项目化学习为学生学会学习，掌握学习的方法，提供了大量的调控性实践的机会，如制订计划、监控计划反思、相互交流点评等。在本项目化学习案例中，为培养学生反思、合作、交流技能，教师需要引导学生在每日学习结束之前使用 KWL 表格进行梳理并完成每日学习日志。基于学生的自我反思与总结，教师可及时记录、评价学生的学习情况。教师可获取学生真实的学习情感、学习困难和学习需求，因势利导，引导学生进一步领悟知识、掌握方法。这些引导学生进行的自我反思、总结即为"有助于习得认知策略的支持性活动"。

◎ 依据学情调整支持性活动

在项目实施进程中，有时也可根据具体学情进行适当的调整，合理穿插、利用各类支持性活动。这些支持性活动根据项目情况的实施和具体学情，可能会有所删减与调整。在使用支持性活动时，始终不变的原则是为了学生更好地学习。

📝 任务：基于你上节课设计的项目和学习任务群，设计项目需要的支持性活动，并说明理由。

拓展阅读

学习支架设计框架是将一系列的指导原则和策略整合到一个结构框架中，尤其是在以学生为中心的"STEM+"教育教学中，更需要为学习困难者提供一系列的支持和帮助，供其投入一个新的活动时使用，以便了解活动中的基本实践和表征特征。（张瑾，2017）

"STEM+"教育中学习支架的设计原则有以下几条。

● 跨学科知识融合原则："STEM+"教育更注重跨学科知识融合、跨学科解决问题，因而学习支架的设计也应关注、支持学习者将新知识整合到当前的理解中，通过知识整合环境，充分发挥注重实效的教学法原则，使科学知识更易于理解。

● 内隐知识可视化原则：学习科学的相关研究表明，学生通过反思自己的想法并建立想法之间关联的方式学习效果更好。使对学习者而言相对内隐的专家知识可视化和清晰化，一方面能够帮助学习者理解新知识，另一方面也使学习者将学习过程内化，为教师的个性化教学提供指导依据。

● 学习指导个性化原则：学习支架的提供要结合学习者的学习特征，不同的学习者需要不同程度的支架；学习难度越大，需要提供的支架也越多。因此，学习支架的设计要符合学习者的个性化学习需要，要与学习者个体认知差异和认知水平保持一致。

- 动态调整与发展原则：最近发展区随着学习的发展呈现的是动态变化，学习支架可以帮助学习者顺利跨越最近发展区，学习支架的设计也要随着学习者的发展而适时、动态地调整与发展。

延伸任务

预测：你在实施前面几节课所设计的项目任务时可能会遇到哪些困难？你会提供什么样的支持性活动？在实施你所提供的支持性活动时有何具体的建议？

请你在上节课完成的思维导图的基础上对项目任务之间所需要的支持性活动进行补充与完善。

第五课

成果展示
与交流

📖 **学习地图**

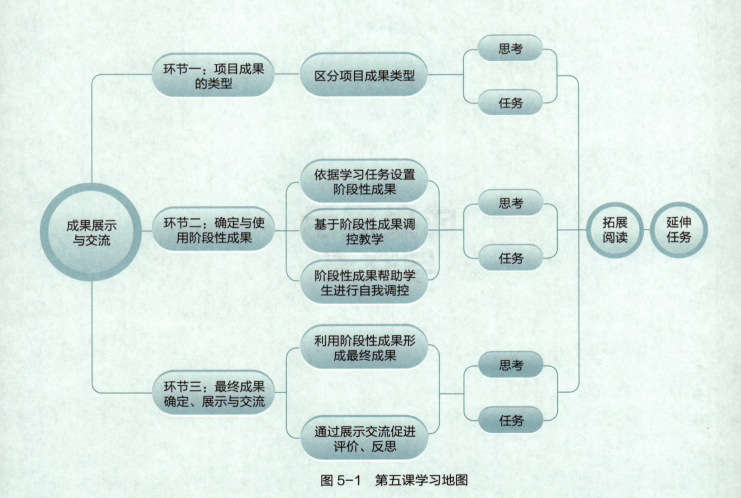

图 5-1　第五课学习地图

研修目标

❶ 了解阶段性成果确定的依据及其作用。

❷ 了解项目最终成果确定的依据及其作用。

❸ 了解最终成果展示与交流的形式及其作用。

核心概念

学习证据　学习过程中一切可以证明和反映学习活动得以发生的学习过程数据、事实性材料与学习者的外在表达。学习证据的表现形式有很多，如作品实物、海报、书面报告、口头报告、表演、概念图或思维导图、项目设计、制作发明、研究报告、自我评价报告、他人评价报告等，还包括学习过程中采集的数据以及在数字化学习系统中产生的各种交互数据、日志数据。

课程内容

环节一：项目成果的类型

项目成果体现项目化学习目标。例如，本项目是根据项目化学习目标及驱动性问题确定最终成果：设计并制作一个完整、等比例、可演示并能展示工作原理、稳定、牢靠的门禁系统模型，以及相关的产品说明书。

关键策略

◎ 区分项目成果类型

　　项目化学习的收官不仅仅体现在物化的最终成果上，更重要的是通过最终成果的展示与交流来庆祝项目化学习的成就，锚定学习过程，对学习过程进行反思总结，为开展下一个项目化学习做好准备。一般来说，依据在项目中呈现的时间不同，项目成果可以分为项目阶段性成果与项目最终成果。

思考： 本项目的最终成果是什么？它是否与项目化学习目标相对应？

任务： 观看项目化学习慕课 7-5，了解更多有关成果展示与交流的内容。

环节二：确定与使用阶段性成果

　　项目成果的展示与交流需要锚定学习过程，强调基于学习证据来呈现学习的结果，并由此证明学习活动产生了学习成效。在学习过程中一切可以证明和反映学习活动得以发生的数据、实时性材料和学习者外在的表达都可以作为学习证据，成为阶段性成果。

思考: 观看项目化学习慕课 7-5，思考项目中各阶段性成果以什么样的形式呈现。教师是如何以此为学习证据调控教学的？

关键策略

◎依据学习任务设置阶段性成果

本次项目的系列任务包括：模型门制作→双控开关电路搭建→与电磁头功能相同的电磁铁的制作→部件组合与调试→产品说明书制作→门禁系统模型与产品展示（见图 5-2）。

教师根据学习任务设置了相应的阶段性成果，通过作品实物、海报、书面报告、口头报告、表演、概念图或思维导图、项目设计、制作发明、研究报告、自我评价报告、他人评价报告等证据（观看项目化学习慕课 7-5），将学生的思维活动可视化。各个阶段性成果之间存在着衔接与递进的关系，且同最终结果具有一致性。

◎基于阶段性成果调控教学

阶段性成果作为学习证据可以帮助教师判断学生是否真正发生了有效的学习，帮助教师及时调整教学以提升学生的学习效果。例

项目任务：制作一个与真实办公室门功能一样、等比例缩小的门禁系统模型

1. 模型部件完整，牢固
2. 功能可以通过模型演示
3. 模型要展现内部结构，体现门禁工作原理
4. 基于对现实门禁系统的调查，在成功制作门禁系统的基础上改进其1—2个缺点，并在模型上体现
5. 对门禁系统的未来进行畅想

图 5-2　项目任务图

如，与电磁头功能相同的电磁铁的制作任务中，包括三维立体磁场绘制、普通电磁铁绕制、电磁铁磁性强弱探究、电磁头结构与磁场探究等任务，学生立体磁场探究结果展示与绘制，实验数据的记录与处理，电磁铁产品的绕制与调试等学生学习过程中的成果证据都能证明在项目中个体能力和学习绩效的持续性变化过程，教师据此可以发现教学规律并进行调整。

◎阶段性成果帮助学生进行自我调控

　　阶段性成果作为学习过程中的证据呈现，可以帮助学生进行自我调控。在学习过程中需要运用一系列证据完成科学探究任务和解决实际

三维立体磁场绘制

普通电磁铁绕制

电磁铁磁性强弱探究

黑箱实验探究：电磁头结构与磁场探究

真实门的测量

合适的比例尺

模型门

家庭电路调查

软件模拟电路

基本电路连接

串、并联电路连接

图 5-3　项目系列任务

问题。例如，在搭建模型门的过程中，学生不会使用比例尺则无法完成任务，但通过教师的引导，借助相关的反思表格，学生自主反思、总结错误的原因和经验，最终也可以实现任务、达成目标（见图 5-3）。学生基于证据，运用理性的思维去分析、判断、推理、假设和创新，获得情境性知识并提升问题解决能力，体验获得知识的真实过程。

任务：依据你上一课设计的学习任务设计阶段性成果。

环节三：最终成果确定、展示与交流

项目化学习不但需要阶段性成果，还需要在项目结束时产生最终结果，并据此进行交流。

思考：本项目最终的展示与交流的形式是什么？项目最终成果是如何呈现的？

关键策略

◎利用阶段性成果形成最终成果

阶段性成果是学生达成最终成果的基础，但最终成果的出现不仅仅是阶段性成果的简单组合。例如，本项目的最终成果不仅需要把模型门、双控开关电路、与电磁头功能相同的电磁铁等部件简单组装，还需要进行不断的工程调试，才有可能达到预期的要求。

◎通过展示交流促进评价、反思

项目并不是在最终成果顺利产出后就结束了。即使所有小组的成果都符合项目的要求，但因为每个小组成员不同、思维方式以及探究过程有所不同，所以产出的成果并不是完全一样的。每个小组最终成果的优缺点在一定程度上反映了该小组在整个学习过程中的优势与不足。在计划成果展示与交流时，学生需要列一份全面的清单，对展示活动进行合理的规划，分配工作，将代表学习过程的证据进行合理的梳理与安排，通过最终产品和产品说明展示出"通过项目我们究竟掌握了哪些核心知识与技能，是如何迁移应用的"。在成果的展示交流中，根据教师预先提供的量规，全体学生与成果展示观摩者根据统一标准对项目的最终成果进行参观和相互评价，评出最佳作品，这是学生相互学习、评价与进行反思的良好机会。

任务：设计你正在实践的项目的最终成果，并策划其展示的方式。

拓展阅读

　　基于证据的学习通过采集学生学习过程中生成的各种类型数据，将学生的思维过程和问题解决过程外显化，生成可观测的证据并动态地展示学生的学习过程，呈现学习结果。

　　学习过程中学生的心理过程、情感态度与价值观的发展、知识能力的迁移应用、反思能力和创新思维的发展等，以及用传统测评方式无法测量与评估且总处在一个持续动态变化过程中的复杂能力，需要

关注学生的学习过程，发现、收集与评价相关的证据，将内隐的状态或能力通过可视化、可量化的证据表征，使得抽象、宏观的对核心素养的评估能够落实到具体、细微的教学实践层面。

基于证据的学习强调学习结果是有据可循、具有可检验性的，使得 STEM 教育教学的评价不再是教师主观的判断和模糊的界定，而是一种能够基于证据的精确客观的"量"上的描述和分析，促进教育教学评价走向精准化。（余胜泉 等，2019）

延伸任务

请你在上节课完成的思维导图的基础上，对应相应的项目任务与支持性活动设计阶段性成果、项目最终成果，并注明其形式。

第六课

项目管理

📖 学习地图

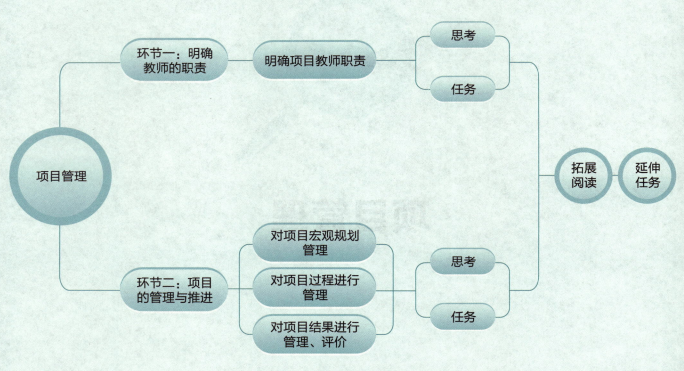

图 6-1　第六课学习地图

🎯 研修目标

❶ 理解项目中教师的职责。

❷ 掌握如何利用不同测量工具对项目进行有效管理。

📖 核心概念

项目管理 教师在实践项目化学习的过程中能够成功地使用各种工具和策略来管理学生，使项目化学习过程井然有序。

📑 课程内容

环节一：明确教师的职责

在现实的教学过程中，教师要对学生的各种学习活动负责。与传统的课堂实践相比，项目化学习要求教师引导学生将新旧知识、概念、经验建立联系，让学生将所学知识整合到相关的概念系统中，同时引导学生对新旧观点进行评价，批判性地检视学习对话的逻辑，对学习过程进行反思。

关键策略

◎ 明确项目教师职责

教师作为项目的管理者，须明确自身工作任务的双重性：一是承担"组织者"的职责，如带领学生组建团队，引导学生明确分工，维持秩序和项目进度等，以顺利推进项目的进程。二是承担"指导者"的职责，在必要的情况下为学生提供相应的支持与协助，可进行方法的指导，如帮助学生查找和使用资源，尽可能独立地回答学生问题等。根据师生互动，在得到学生反馈后，教师需要及时把控并调整项目化学习的安排。

思考：本项目中，教师在哪些环节起到了组织者或指导者的作用？

任务：观看项目化学习慕课 7-6，了解更多有关项目管理的内容。

环节二：项目的管理与推进

伴随着项目的推进，教师对于项目的管理是必不可少的。教师需要借助表格、量规等工具来辅助管理项目，更好地对学生行为的管理和目标的达成率等进行监控、评估。

思考：观看项目化学习慕课 7-6，思考在本项目中，教师用了哪些工具来管理项目？

●关键策略

◎对项目宏观规划管理

教师作为项目的指导者，要宏观着眼、统整项目，在得到学生反馈后，及时把控并调整项目化学习的安排。教师要将整个项目视为一个整体进行规划，依据教学的课程标准提炼概念，制订"项目计划表"（见表 6–1），并通过"项目计划表"的宏观安排来指导项目的进度。同时辅以"项目里程碑"等表格工具（见表 6–2），为学生搭建整体架构，使学生明确任务目标。教师在此过程中发挥了管理者和指导者的作用，分析学生的思维变化、发展情况，据此对项目的实施进行调整。

表 6–1 项目计划表

项目名称： 小组： 日期：
这个项目所要完成的任务是什么？
为了完成这个任务，我们可能需要应对哪些具体的挑战？其中最大的挑战是什么？
我们计划做以下哪些调研工作（关于所需的知识、技能）：

续表

我们需要完成以下工作：	
做什么？	怎么做？
在项目结束时，我们将展示我们的学习目标：	
在项目结束时，我们展示什么？	怎么展示？

表 6-2　项目里程碑

里程碑（阶段目标，对于项目的重要程度不分先后）	是否完成
	☐
	☐
	☐
	☐
	☐
	☐
	☐
	☐
	☐
	☐

◎ 对项目过程进行管理

教师作为项目的组织者，需要对项目过程进行管理，引导学生明确目标、分工协作，并利用表格工具［如探究策划表（见表6-3）、学习日志（见表6-4）等］助力学习过程中低阶学习和高阶学习的良好整合，促进学生反思，推进项目进程。例如，本项目中教师对于真实门禁系统内部电磁铁的探究设置了系列探究任务。首先，教师利用铁粉、白纸等工具引导学生学习磁场，并绘制磁感线表示磁场；其次，学生进行电磁铁磁性强弱影响因素的实验设计，并进行了相应探究与表格数据处理；最后，教师引入生活中"黑箱"——门禁系统电磁铁的磁场特点的探究。以上项目系列探究任务环环紧扣，如果前面的任务出现问题，可能就会影响后续任务的实施，从而影响项目的整体成败。因此在项目推进过程中需要教师进行管理，关注学生前后任务的实施情况，以表格记录为证据，了解后面高阶任务中所需要的技能是否在前面相关任务中已经习得，能力是否得到了相应的发展，从而引导学生由低阶任务逐渐向高阶任务推进。

表6-3 探究策划表

探究时我们提出的问题是哪些：

续表

我们探究前设计的方案是：	
我们要收集的证据有：	我们收集证据的方法是：
谁参与调查：	我们的分工：
探究的结果是（可以用图、表、文字结合的方式表达）：	
这项调查对推动项目有什么价值与帮助：	
调查日志：	
资料来源（原文摘抄）：	笔记（从中学到什么）：

　　"学习日志"（见表 6-4）用以记录学生项目活动的进程。这样既能做到及时记录项目的进展情况，又反馈了学生解决问题时的困惑和

决策。与此同时，教师可以及时介入指导，在项目推进过程中帮助学生反思问题，推进后续项目的顺利进行。

表6-4 学习日志

今天我们的学习目标是：
我们成功地完成了以下工作：
我们下一步的计划是：
我们最大的担心／问题／困惑是：
通过今天的学习，我们学到了什么？

◎对项目结果进行管理、评价

项目化学习一般以成果展示与交流为结果。对项目结果的管理与评估可借助产品展示、计划简报、产品说明书等表格工具，实现对学生项目化学习成果及表现的总结（见图6-2、图6-3和表6-5）。项目最终评估可以由学生单独完成，也可以是集体合作完成，其目的是鼓励学生形成反思、分析的能力。在项目结束时，教师还应预留出充足的时间用于引导全班对项目进行分析、总结，以帮助学生将习得的知识和技能延伸到未来的学习中。

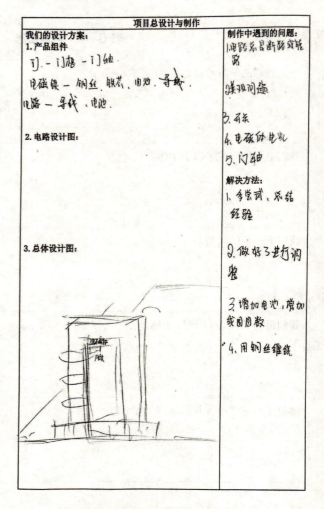

图6-2 项目设计方案（学生作品）

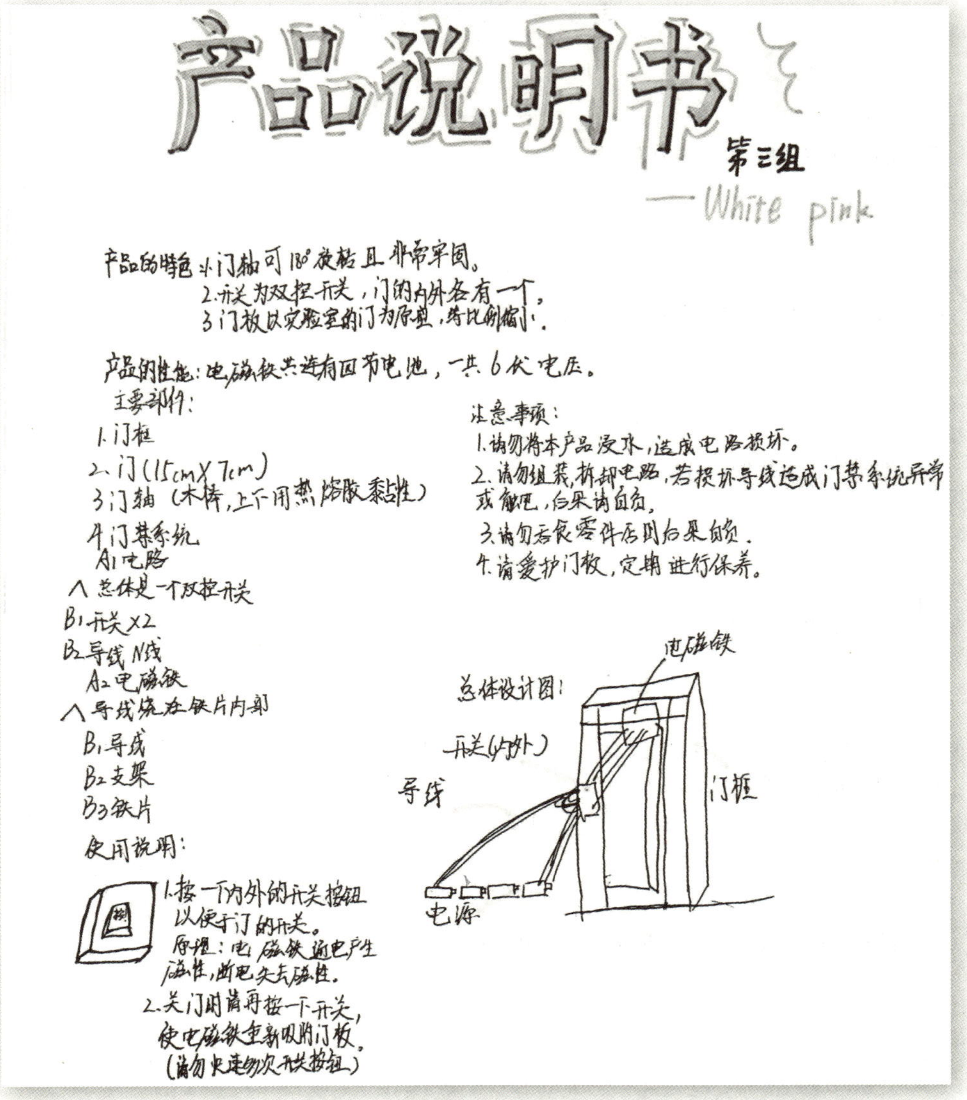

产品说明书

第三组
——White pink

产品的特色：1.门轴可180度旋转且非常牢固。
2.开关为双控开关，门的内外各有一个。
3.门板以实验室的门为原型，等比例缩小。

产品的性能：电磁铁共连有四节电池，一共6伏电压。

主要部件：

1.门框

2.门（15cm×7cm）

3.门轴（木棒，上下用热熔胶黏性）

4.门禁系统

A1电路

∧总体是一个双控开关

B1开关×2

B2导线N线

A2电磁铁

∧导线绕在铁片内部

B1导线

B2支架

B3铁片

使用说明：

注意事项：

1.请勿将本产品浸水，造成电路损坏。

2.请勿组装、拆卸电路，若损坏导线造成门禁系统异常或触电，后果请自负。

3.请勿吞食零件后果自负。

4.请爱护门板，定期进行保养。

1.按一下内外的开关按钮以便于门的开关。
原理：电磁铁通电产生磁性，断电失去磁性。

2.关门时再按一下开关，使电磁铁重新吸附门板。
（请勿快速多次开关按钮）

总体设计图：
电磁铁
开关（户外）
导线
门框
电源

图6-3 项目产品说明书（学生作品）

表6-5　展示计划简报

小组：　　　　　　　　日期：

我们的观众将从展示中获得哪些收获？
小组展示中，我的角色和责任是什么？
为了展示成功，我们的计划是：
我们计划使用哪些技能？
展示中，我们需要什么设备？
在我的陈述中，我们需要哪些视觉演示材料？

任务：请根据你的项目需要，设计 2—3 种工具，并说明如何使用这些工具来管理项目。

拓展阅读

在项目化学习中，评价不是仅在成果展示阶段进行，而是贯串项目化学习的整个过程。实施全程评价可以使学习评价与学习目标、学习活动、学习成果保持一致，使学生的学习活动、学习成果与学习目标同频共振，有利于促进学生学习元认知的发展。全程评价主要有三个环节。

● 学前认知。学习前，师生聚焦学习目标，围绕"需要完成哪些任务""完成到什么程度""如何完成"等问题进行分析和磋商，从而确定任务，制定学习成果评价量规和学习过程评价量规。这样，学生就对自己即将开始的学习有一个清晰、全面的认知。

● 学中调控。学习中，学生以评价量规为标准，内视自己的学习行为，进行自我监控。当出现分工不合理、讨论声音过大、数据前后矛盾、研究方法不科学等问题时，要对照评价量规进行自我反思、自我调整，从而保证学习活动的合理规范。

• 学后反思和评价。学习阶段结束后，学生对自己的整个学习过程进行梳理、回顾和小结。反思的内容主要包括：（1）我们是如何开展学习活动的；（2）我们是如何克服困难的；（3）我们还存在什么问题。最后，师生借助评价量规对小组和个人学习情况进行评价，并阐释评价依据。（谢宇松，2020）

延伸任务

请你根据项目实施的需要设计或者选择合适的工具，填写在前面课程任务所完成的思维导图上，完善思维导图。根据思维导图设计并形成项目手册（包括项目简介、项目目标、驱动性问题、项目任务与相应的表格工具等）。

参考文献

埃里克森，兰宁，2018．以概念为本的课程与教学：培养核心素养的绝佳实践［M］．鲁效孔，译．上海：华东师范大学出版社：19．

陈静静，2020．指向深度学习的高品质学习设计［J］．教育发展研究（4）：44-52．

高潇怡，喻娅妮，2020．关注项目式学习中的驱动性问题［J］．中国教师（7）：51-53．

胡玉华，2015．科学教育中的核心概念及其教学价值［J］．课程·教材·教法，35（3）：79-84．

李松林，2020．以大概念为核心的整合性教学［J］．课程·教材·教法，40（10）：56-61．

谢宇松，2020．项目化学习：模型、样态和工具［J］．江苏教育研究（11）：8-12．

余胜泉，吴澜，2019．证据导向的 STEM 教学模式研究［J］．现代远程教育研究，31（5）：20-31．

张瑾，2017．STEM+ 教育中学习支架设计研究［J］．现代教育研究，27（10）：100-105．